Le [illegible] de la patinoire

Didier Lévy • Mérel

Nathan

Rachid le timide
Mélanie la chipie
Pacha le chat
Pascale la géniale
Arthur le gros dur
Es-tu prêt pour une nouvelle aventure ? Eh bien, commençons !
Ah, j'y pense ! les mots suivis d'un ☼ sont expliqués à la fin de l'histoire.

Cette année, l'hiver est si froid
que tout est gelé.
– Si on allait patiner
sur le fleuve ? propose Arthur.
– Bonne idée !
répondent Mélanie et Gafi.

Arthur et Mélanie vont chercher leurs patins à glace.

– Moi, je n'en ai pas besoin, dit Gafi. Je glisse sur la pointe du drap. Vous allez voir !

Le roi de la patinoire

Mais, sur le fleuve glacé,
le pauvre fantôme dérape
et tombe tout le temps.
– Je vais te prêter mes patins,
lui dit Arthur.
– Ça ne changera rien,
ronchonne Gafi, vexé.
– Essaie au moins, insiste Mélanie.

Gafi enfile les patins d'Arthur. Il avance tout doucement, car il a peur de tomber. Puis, petit à petit, il prend de l'assurance. Il fait même des acrobaties.

– Bravo, Gafi ! l'applaudit Arthur.

Très fier de lui, le fantôme vient chercher Mélanie. Tous les deux commencent un formidable numéro de patinage artistique.

Ils sautent.

Ils virevoltent.

Ils cabriolent…

Soudain, CRAC !

– La glace s'est fêlée ! hurle Mélanie.

En un éclair, le fleuve gelé se fendille autour des patineurs.

Gafi et Mélanie vont-ils tomber dans l'eau ?

AHAH !!

Catastrophe !

Des morceaux de glace énormes
se détachent les uns des autres.

– Au secours ! crie Gafi.

– On est emportés par le courant !
hurle Mélanie.

– Tenez bon, j'arrive ! crie Arthur.

Il court pour sauver ses amis,

mais lui aussi glisse, tombe...
et part à la dérive.

Sur leur drôle de radeau, Gafi
et Mélanie filent de plus en plus vite.
Heureusement, ils réussissent
à s'accrocher à une branche
en passant sous un arbre.
– Youpi ! s'exclame Mélanie,
on est sauvés.

Et soudain… RE-CRAC !

– La branche va casser ! crie Mélanie, paniquée.

– Tenez bon, j'arrive ! répète Arthur.

La branche se brise.

Par chance, Mélanie et Gafi retombent… sur le radeau d'Arthur.

Les trois amis sont si contents d'être réunis qu'ils ne voient pas le nouveau danger qui les attend.

Que va-t-il encore leur arriver ?

– La cascade ! hurle Mélanie.

On va tomber dans la cascade !

– Je n'ai même pas mon maillot

de bain ! gémit Arthur.

« Qu'est-ce que je ferais à la place

de Pascale la géniale ? »

se demande Gafi…

– J'ai une idée ! s'écrie-t-il.

Je vais faire la voile, et vous,

vous allez faire le vent !

Arthur et Mélanie soufflent ensemble sur Gafi. Peu à peu, ils arrivent à remonter le fleuve.
Puis ils bondissent sur la rive.
Ouf, cette fois-ci, ils sont vraiment hors de danger !
Épuisés, ils s'écroulent sur l'herbe.

– Eh, les amis, propose Gafi,
on va faire du roller, maintenant ?!

c'est fini !

Acrobaties : ce sont des exercices parfois dangereux que font les acrobates dans les cirques.

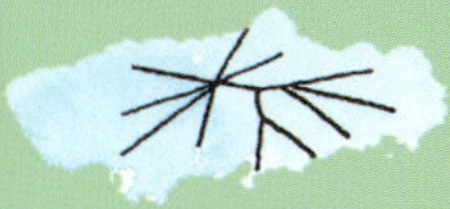

Se fendille : la glace craque et se fend en petits morceaux.

À la dérive : le bateau s'écarte de son chemin à cause du vent et du courant.

Radeau : c'est un ensemble de plusieurs morceaux de bois attachés ensemble, qui sert de bateau.

Cascade : c'est l'eau d'un torrent qui tombe de très haut dans la montagne.

Crac !!!

Une branche s'est détachée de l'arbre.
Laquelle ?

Réponse : la branche n°4 s'est détachée de l'arbre.

Mots cachés !

Combien de fois le mot « GLACE » est-il écrit dans cette grille ?

G	A	Z	O	G	A	N
L	H	C	S	L	O	L
A	G	G	L	A	C	E
C	L	A	S	C	O	G
E	A	A	I	E	C	D
F	C	F	O	J	U	I
A	E	G	N	I	C	N

Réponse : Le mot « GLACE » est écrit 4 fois dans la grille.

Il fait froid !

Peux-tu lire ce qui est écrit à l'envers sur la vitre ?

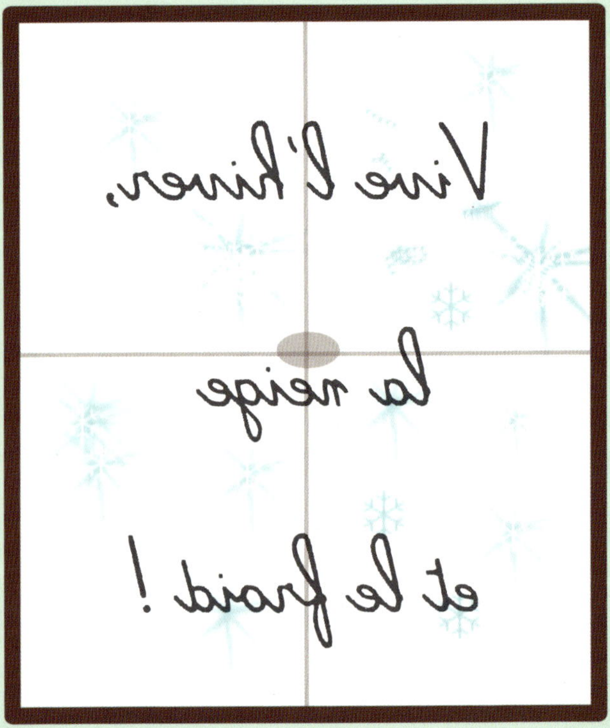

Réponse : La phrase écrite est : « Vive l'hiver, la neige et le froid ! »